A MAMÃE É ROCK

A MAMÃE É ROCK

ANA CARDOSO

CRÔNICAS

BelasLetras

2ª reimpressão/2017

Editor
Gustavo Guertler

Coordenação editorial
Fernanda Fedrizzi

Revisão
Germano Weirich e Mônica Ballejo Canto

Capa e projeto gráfico
Celso Orlandin Jr.

Preparação de texto
Cris Lisbôa

Ilustração jogo dos 7 erros
Juliana Macedo

Dados Internacionais de Catalogação na Fonte (CIP)
Biblioteca Pública Municipal Dr. Demetrio Niederauer
Caxias do Sul, RS

C268 Cardoso, Ana Emília
A mamãe é rock / Ana Cardoso. Caxias do Sul, RS: Belas-Letras, 2016.
112 p., 21cm.

ISBN: 978-85-8174-328-8

1. Crônicas brasileiras. I. Título

16/53 CDU 869.0(81)-92

Catalogação elaborada por
Cássio Felipe Immig, CRB-10/1852

Grafia atualizada segundo o Acordo Ortográfico da Língua Portuguesa de 1990, que entrou em vigor no Brasil em 2009.

IMPRESSO NO BRASIL

[2016]

EDITORA BELAS-LETRAS LTDA.
Rua Coronel Camisão, 167
Cep: 95020-420 – Caxias do Sul – RS
Fone: (54) 3025.3888 – www.belasletras.com.br

ESTE LIVRO PERTENCE A

JOGO DOS 7 ERROS

juliana macedo

juliana macedo

TABELA PARA SOBREVIVÊNCIA DOS CASAMENTOS DO SÉC. XXI

	O QUÊ?	QUEM?
QUARTO	ARRUMAR A CAMA	
	TROCAR O LENÇOL	
	VARRER/ASPIRAR	
	ARRUMAR O GUARDA-ROUPA	
SALA	GUARDAR BAGUNÇAS	
	VARRER/ASPIRAR	
BANHEIRO	TIRAR O LIXO	
	LIMPAR PIA E VASO + VARRER E PASSAR PANO	
COZINHA	FAZER COMIDA	
	LAVAR A LOUÇA	
	GUARDAR A LOUÇA	
	LIMPAR A COZINHA	
	TIRAR O LIXO	
FILHOS	DAR BANHO	
	LEVAR PRA ESCOLA	
	FAZER DORMIR	
	AJUDAR NA LIÇÃO DE CASA	

Este livro nasceu num lampejo do meu marido, Marcos Piangers, em uma conversa informal com seu editor. Comecei a escrevê-lo no dia seguinte, num avião para Austin, Texas, incentivada pela minha amiga Daniela.

Além deles, agradeço sobretudo à minha filha mais velha, por me fornecer um sem-fim de histórias diariamente. Por ouvir, uma a uma, estas crônicas em primeira mão, aprovar todas e ser minha grande companheira, e à mais nova, por me comover e inspirar com sua fofura infinita.

Finalmente, à minha mãe, por me amar sempre, ao meu pai, já falecido, por me ensinar a ser crítica em relação à vida, à minha sogra, por me tornar um pouco menos crítica, e à Cris Lisbôa, que revisou algumas vezes essas linhas sem poupar: "Ai, Ana Emília, quem quer saber disso?".

"COMO DE HÁBITO, MEU PAI NÃO AJUDA NA COZINHA. EU O PROVOCO: 'ABA, VOCÊ FALA EM DIREITOS DAS MULHERES, MAS É MINHA MÃE QUE CUIDA DE TUDO! VOCÊ NEM AJUDA A LAVAR A LOUÇA DO CHÁ'."

MALALA YOUSAFZAI

SUMÁRIO

INTRODUÇÃO

Quando minha segunda filha nasceu intimei um grupo de amigas a fazer um *blog* coletivo só com verdades. Nem eu aguentava mais a contradição entre minhas fotos no Instagram e a vida real. Eu estava cansada, infeliz, frustrada. Mas na internet minha vida seguia como um exemplo de felicidade e bonança.

O *blog* durou um tempo, mas passou longe do objetivo inicial. A sociedade não estava pronta pra isso, nem a gente. Era uma época em que #amomuitotudoisso imperava e não tinha espaço para ser diferentona.

Chorei muito depois que as minhas filhas nasceram. Nem sempre foi de felicidade. Muitas vezes foi de desespero, de não saber o que fazer. De solidão, de frustração.

Felizmente, um sopro feminista vem libertando não só a mim, como a diversas mulheres que perceberam que não estão sós. Podemos ser honestas com nossos sentimentos e admitir que a mensalidade no clube das mães é mais cara do que dizem por aí.

Não se preocupe, este não é um livro de choramingos. É o contrário: tem histórias engraçadas, singelas. É mais fácil você, leitor ou leitora, ficar com raiva de minha sinceridade do que com pena de mim.

Ele é um recorte sem filtro dos meus dias. É uma soneca no sol numa tarde de inverno. É um banho quente de menos de um minuto porque as crianças estão berrando na sala. É dizer não para trabalhos porque não se tem com quem deixar os filhos. É dizer sim para uma viagem sem crianças por se sentir merecedora de descanso.

Este livro é sobre maternidade e todos os sentimentos loucos que temos em relação a quem de alguma forma criamos, seja um filho natural, adotivo, neto ou sobrinho. É sobre família e é sobre nossas mães também, esses seres que falam uma língua estranha e chata que só entendemos quando entramos para o clube e nos tornamos uma delas.

Convido aqueles que leram o livro do meu marido, *O papai é pop*, a conhecer o lado mais in/tenso da experiência. *A mamãe é rock* é um recorte sem filtros de nosso cotidiano com as meninas.

Para quem não tem filhos, pode ler sem medo. Lá pela página 54 você já estará pensando em nomes. Para as mães, espero que se identifiquem ou que, ao menos, entendam melhor o meu subgrupo. Aos pais, que dividam sempre as tarefas, que sejam presentes e compreendam melhor o que as mães passam e dizem estar sentindo, como vem aprendendo meu marido, o papai pop.

E às minhas filhas, que se divirtam com a leitura e não fiquem bravas com a crônica sobre os piolhos.

Boa leitura a tod@s

A MÃE DO ANO

Eu sou a mãe do ano, aquele ser amoroso que nunca grita e que faz bolinhos sem glúten para as crianças levarem de lanche para a escola. Está bem, tudo isso é mentira.

Com onze anos de experiência, não tenho vergonha de admitir pequenos delitos na maternidade. Descobri nas pracinhas, grupos de mães na internet, reuniões de escola e aniversários infantis que a mãe que nunca se descabela quando o filho ameaça atravessar a rua sozinho é uma lenda, uma mentira bem contada. Tão real quanto a Chapeuzinho Vermelho ou a Bruxa Malvada.

Uma das minhas falhas é deixar minhas filhas pularem o banho quando está frio demais. Sem exceder o equivalente a um feriado prolongado, é claro. "Antes suja do que resfriada", postulava minha avó de origem italiana. Note que naquela época nem existiam os lenços umedecidos.

Não separo as brigas, às vezes, para deixá-las se resolverem sozinhas. Ajudo a guardar os brinquedos com muita frequência porque odeio bagunça e vivo com pressa. Eu sei que o certo é ensiná-las a arrumar as suas coisas e ser dura com isso. Mas, na prática, quase ninguém consegue bancar a professora de vida 24 horas por dia.

Raramente vou aos aniversários de coleguinhas porque tenho preguiça e não gosto das músicas de festas infantis. Também não faço muitos eventos porque, acabada a festa, não consigo guardar direito os presentes no caótico armário das minhas filhas. À medida que as crianças crescem, os guarda-roupas vão encolhendo, sabia?

E, por último, não gosto muito de brincar. Tenho dificuldade em jogar jogos e servir chá para as bonecas no chão da sala. Quando ajudo na lição de casa, sempre quero ir além e, sem perceber, já introduzo logaritmos quando era só pra extrair umas raízes quadradas.

Resumindo, sou chata e um pouco relapsa. Como todas as mães de verdade, não como aquela impecável e sorridente que aparece nos comerciais tirando os germes do chão e se divertindo horrores com a garotada. Ou seja, sou assim, como você.

Cabelo se corta em casa e outras modas

Roupa serve para proteger o corpo. Também serve para expressarmos nossa identidade. No caso das crianças, que não têm tantos filtros sobre o que devem usar, é muito interessante observar suas vestes e manias. E cansativo também, porque seria bem mais fácil se elas usassem qualquer roupa, de qualquer cor, e pronto. Nunca é assim, pelo menos aqui em casa.

A elegância, mesmo a infantil, pode custar muito caro. Para driblar isso, eu herdo algumas peças de familiares e amigos, compro em brechó e deixo que mexam no meu *closet*. Tudo é de todas. Uma casa com três mulheres tem potencial natural para ser um camarim bagunçado.

Anita está sempre vestida como se estivesse indo para uma reunião no Google. Ela combina uma paleta de cores bem básicas – azul, jeans, preto, branco e cinza – com uma peça de cor bem vibrante, de preferência verde-esmeralda ou laranja. É tão pequena que usa as mesmas roupas anos a fio.

O cabelo a gente corta em casa. Depois que descobrimos no YouTube uma técnica de pentear toda a cabeleira para frente, prender com elástico embaixo do queixo e cortar reto, nunca mais gastamos dinheiro com salão. O corte sai todo em camadas e sempre fica num comprimento que dá pra prender, o que é fundamental. Até minha sogra virou cliente do nosso estabelecimento. "Cortes de graça em 5 minutos" é o nosso *slogan*.

Na contramão do minimalismo, o estilo da Aurora é sincretismo monárquico. "Ah não, se não for rodada eu não uso" é uma das exigências para saias em seu *dresscode*. Tudo sempre tem um quê de princesa. Seu guarda-roupa é assim: vestido de Branca de Neve, de Elza da Frozen, de Chapeuzinho Vermelho, asas de princesa, borboleta e coroa para dar um toque real em qualquer *look*. Os sapatos têm que ser sapatilhas, de preferência brancas, vermelhas ou douradas.

Algumas regras servem para as duas: se está frio, elas querem as regatas, os sapatos abertos e os tecidos leves. No verão, "mãe, cadê minha meia-calça de oncinha? A touca de coruja? A saia de flanela xadrez?". Por que será que as crianças têm o sensor de temperatura invertido?

Nesse inverno, não caio mais no golpe do pijama de corpo inteiro de *soft* que protege crianças descobertas em noites congelantes. Tenho meia dúzia desses guardados. Todos com etiqueta. Obrigar uma criança a usar um tip-topão desses é como fazê-la comer toda a comida sem levantar da mesa nenhuma vez, tomar banho sem molhar o banheiro ou cortar as unhas sem ficar se mexendo. Aliás, obrigar uma criança a usar qualquer coisa é um trabalho do cão.

VOLTA ÀS AULAS

Eu detesto a lista de materiais escolares. Além do rombo no orçamento e de nunca encontrar todos os itens no mesmo lugar, tem ainda a administração da ansiedade das crianças.

No ano passado, não era novembro e a Anita queria ir às compras. "A lista já tá no site, mãe, vem ver".

Baixei o documento e dei uma olhada desinteressada. O ano letivo vigente ainda estava longe de acabar. Em Porto Alegre, as aulas vão até a véspera do Natal.

Combinei com ela que compraríamos em fevereiro. Na hora ficou decepcionada, mas argumentei que era melhor assim porque teria muito tempo para pesquisar na internet os cadernos, as canetas e os sacos de mil folhas coloridas da marca Canson, com gramatura de 120 g/m². Internet, eu falei a palavra mágica. Discussão encerrada.

Acontece que este foi o primeiro ano de férias da Aurora. Ela saiu da creche por autodeclarar-se uma "criança adulta". Tão adulta que não tinha a idade mínima para participar de uma colônia de férias. Então, como sou *freelancer*, decidi não trabalhar nas férias e viajar com as duas.

Foi ótimo, cansei de ir à praia, comi a famosa picanha do meu irmão em Curitiba, assisti a todos os filmes do Ricardo Darín na Netflix com minha sogra em Floripa e terminei o verão com o maior índice de melanina no corpo da minha vida. Não passei NENHUM dia das férias em Porto Alegre.

Parece bom? Ótimo? E foi. Não pra Anita, que no final de janeiro não aguentava mais. "Mãe, não vai dar tempo", "Eu não quero mais ser a última a ter os livros", "Você já viu a lista da Aurora?" e "Precisamos voltar pra casa e resolver logo isso".

Ofereci várias soluções paliativas a pegar a BR-101: comprarmos os materiais pela internet, encomendarmos por telefone na lojinha da escola, procurarmos nas livrarias do shopping ou reutilizarmos parte do ano anterior e buscarmos o restante no brechó da escola.

Por mais que a gente procrastine, uma hora temos que encarar a lista. Um dia antes da volta às aulas fomos ao shopping e resolvemos essa questão.

Minutos depois de chegarmos em casa, a sala estava mais agitada que o Centro de Distribuição do Papai Noel na segunda quinzena de dezembro. Levou umas quatro horas para Anita separar, encapar e colocar etiquetas com nomes em tudo.

Naquela noite, elas provaram os uniformes, testaram penteados e nós organizamos os lanches. A Anita foi dormir com a sensação de dever cumprido e a Aurora cheia de fantasias sobre a escola de menina grande. E eu? Exausta. Claro. Será que falta muito pra que elas possam fazer isso sozinhas?

MÃE, NÃO VAI DAR TEMPO!

EU NÃO QUERO MAIS SER
A ÚLTIMA A TER OS LIVROS

VOCÊ JÁ VIU A LISTA DA AURORA?

PRECISAMOS VOLTAR PRA
CASA E RESOLVER LOGO ISSO

O PESSOAL DAS HUMANAS

Para a sorte ou não das meninas, aqui em casa somos das Humanas*. Alguém quer fazer uma rodinha e começar um colar de miçangas aí? Não temos muitas restrições em levar as crianças para o trabalho. Fácil não é, pois as crianças são muito espontâneas e sempre existe o risco de nos colocarem numa saia justa.

Em 2015, quando meu marido lançou o livro *O papai é pop* e foi convidado para ir ao Rio, no programa da Fátima Bernardes com a família, fiquei em Porto Alegre trabalhando e a Anita roubou a cena.

Sem se preocupar muito com o linguajar, nem com o que o público costuma ouvir da boca das crianças, ela soltou o verbo: "Eu acho uma porcaria machista essa história de menina ter que andar de rosa e menino de azul". E ainda emendou numa campanha por fraldários em banheiros masculinos.

Certa a Anita, porque não é justo só as mães trocarem fraldas e também não é legal com os pais que saem com os bebês sem as mães. Vários estabelecimentos adotaram a sugestão.

Anita virou meme. Dezenas de *sites* só falavam da garotinha de camisa azul questionando as imposições de gênero. De onde ela tira isso? Das muitas vezes que vai trabalhar comigo, gravar *podcasts* feministas e estudar uma forma de tornar o mundo mais justo e seguro para as mulheres.

Eu percebia que ela prestava atenção no que falávamos. Daí pra sair alardeando nossas ideias e construir seu próprio discurso e pauta de reivindicações? Confesso que me surpreendi tanto quanto quem estava assistindo tevê na sala aquele dia.

* Existe uma brincadeira no Facebook sobre pessoas que fazem cursos da área das Ciências Humanas. É um evento chamado "Ajudar o povo das Humanas a fazer miçangas".

PROIBIDO FALAR MÃE

No final das últimas férias, inventei uma lei: quem falasse aquela palavrinha de três letras com um ã no meio ficaria de castigo.

Baixei esse decreto em nome da minha sanidade mental. Quem falasse teria que ficar cinco minutos no quarto e perdia o direito de pedir coisas. Nem se fosse muito importante? Não. Nem se fosse um elogio "mãe, como você tá linda hoje"? Não, não e não.

Bateu um desespero na Aurora. Ela chorou. Achou que eu não queria mais ser *** dela. Expliquei que não era isso. Eu apenas andava tonta com tantos chamados e precisava de um tempo para mim, trabalhar um pouco, escrever, lembrar do meu nome. E esquecer só um pouquinho que eu era aquilo.

A solução encontrada pelas meninas para burlar o sistema foi muito esperta, utilizaram sinônimos e apelidos. A Anita me chamava de filha da vovó Marly e de aquela que me fez. Já a Aurora utilizou sua língua própria: o aurorês.

A lei era simples, mas a sua aplicação foi um pouco complicada. Não demorou quinze minutos e a pequena já estava se atrapalhando.

– *Tia!*

– *Oi filha!*

– *Tia!*

– *Oi!*

– *Tia pode, né, mãe?*

Não consegui botá-la de castigo, porque eu e a Anita rolamos de rir do "tia pode, né, mãe?".

Eu amo ser *** e amo as minhas filhas. Mesmo assim, precisava dessa pausa. É uma palavrinha que persegue a gente. No mercado, no ônibus, no avião e no colégio das crianças. E quando você ouve, responde ou vai atrás e não era com você? Na maioria das vezes rola um baita alívio. Exceto quando você está procurando um filho seu. Nesse caso, tudo o que mais queremos ouvir é m.ã.e!!! De preferência bem alto.

SHHHH!!!

MÃE, COMPRA?

As coisas olham pra mim. Eu olho pra elas e nada acontece. Não sinto vontade de comprar nada. É libertador, ainda que preocupante do ponto de vista macroeconômico. Para o meu bolso, é muito bom. Não nasci assim não, já fui bem consumista. Até que um dia comecei a achar tudo muito parecido, nas vitrines, nas lojas e na minha casa.

É uma pena que a Anita não sinta essa apatia. Deve ser resquício do tempo que assistia a muitos desenhos animados em um conhecido canal infantil repleto de anunciantes. A cada sete minutos, entre uma *Dora Aventureira* e um *Caillou*, "mãe, compra?". De sapatilhas com discos giratórios na sola a areias lunares de modelar, nunca foi seletiva: pedia absolutamente tudo. E eu dizia não.

"A verdade vai te enfurecer, mas depois vai te libertar", ensina uma de minhas autoras feministas preferidas, Gloria Steinem. Digamos que a Anita está em processo.

Este ano, crise pra cá, crise pra lá, determinamos que quem quisesse comemorar seu aniversário seguiria uma cartilha sustentável: piquenique num parque ou no nosso condomínio, convidados levam comidas, mas estão liberados do presente. Zero inscritos. Elas não curtiram a ideia. Cancelamos as festas, então.

A Aurora não é muito consumista. Em tempos de conteúdo sob demanda, a pequena nunca foi exposta à publicidade. Dificilmente um produto lhe chama a atenção nas vitrines, a não ser que seja chocolate, bala ou pirulito.

Sempre viajamos com malas pequenas. Muitas vezes nem as despachamos para não perder tempo com esteiras em aeroportos. Sem verba, cronograma ou espaço para compras.

No entanto, nos últimos momentos da viagem, acontece uma exceção no passeio. Estranho e inusitado como um 29 de fevereiro, esse quarto de hora destoa de todo o resto. A Anita fica eufórica, sorri com os dentes todos à mostra e não sabe por onde começar: o Marcos entrega a ela todo o dinheiro local que sobrou em sua carteira. Nunca é muito. No entanto, ela pode comprar o que quiser.

No final do ano passado, fomos para a Tailândia. A moeda local é o baht. Dez bahts valem mais ou menos um real. No aeroporto, juntamos nossos trocos, compramos água, uma cerveja aguada chamada Chang e depositamos nas ávidas mãos da Anita cerca de 420 bahts e umas moedas.

A Aurora virou a água, que tinha custado exatos 30 bahts. Acompanhei a Anita a uma daquelas lojas enormes e cheirosas de *free shop*. Perfumes, cremes, maquiagens, bebidas, doces, roupas e brinquedos. Ela tinha 10 minutos para encontrar o que seria seu presente de Natal, que aliás, tinha sido uma semana antes.

"Já sei o que eu quero", declarou. "Que bom", eu falei. "Eu sempre quis uma almofada de pescoço". Ela sempre quis tudo, eu pensei. "NÃOOOOOO, que droga, vocês tinham que comprar aquela água pra Aurora", bufou desesperada. Logo descobri o motivo: a almofada, em formato de elefante, como tudo na Tailândia, custava 450 bahts e nós só tínhamos, contando as moedinhas, 440 bahts.

Pechincha é o meu nome do meio. Passei cinco minutos do nosso precioso tempo tentando convencer a caixa e as vendedoras a me dar um desconto. "Can I talk to someone else?", sou brasileira e não desisto no primeiro não. Para nossa sorte, um sul-africano que estava ao meu lado se solidarizou e se ofereceu para pagar o resto. A saber, o equivalente a dez centavos de real.

Ficamos tão felizes que o cara não deve ter entendido nada. Enquanto isso, o filho dele, um ruivinho de dentes tortos, da idade da Anita, manuseava um a um os *souvenirs*, sem se interessar por nada. Das duas uma: ou ele já tinha tanta coisa que tudo era apenas mais do mesmo, ou ele era como eu. O pai estava irritado com tanta indecisão. Nós sabemos como é isso, não?

O lanche
diferentão

Só eu quero dar dinheiro ou mandar uma bisnaguinha de lanche?

As crianças de hoje querem ser filhas das nossas mães, ou melhor, das nossas avós. Esqueça o bolinho recheado pronto e a barrinha de cereal e mãos à obra. Elas querem realidade, feito em casa. Não querem lanche comprado e detestam ficar na fila da cantina.

Se você manda bolacha, a criança fica feliz, mas *oh*, você mandou bolacha, puro carboidrato pobre com gordura trans. Quando a opção é fruta, outro problema: não dá para cortar que apodrece, mas as crianças pequenas não conseguem comer inteiras. Na semana passada, mandei uma maçã. "Mãe, eu dei umas mordidas e joguei fora porque tava dura". Lógico que estava dura, maçã é dura, a não ser que alguém corte. Não culpo a professora, eu mal dou conta das minhas duas crias.

Bom mesmo é pão de queijo e um suco orgânico. Mas tem que variar. Mandar sanduichinhos parece legal, mas as crianças estão cada dia mais veganas e não querem saber de presuntos, patês, queijos. Porém, ainda não caíram nas graças dos iogurtes de leite de amêndoas. Ainda bem, porque esses não laticínios custam 10% de um salário mínimo. E quando você manda um bauru e fica a tarde inteira pensando: *ai, meu deus... aquele queijo com tomate fora da geladeira nesse calor, que bela porcaria deve estar.*

Outro dia eu estava me lamentando com uma amiga que tem uma filha da idade da minha mais velha. Eu confessei que o único bolo que assei na vida foi uma tragédia. Cresceu demais, saiu da forma, caiu no forno e ficou carbonizado. Quase estragou meu fogão para sempre. Ela me disse que a sua situação era ainda pior, mesmo sabendo fazer bolos. Sua concorrência é desleal. As mães das amigas não só fazem bolinho, como mandam um poema junto a cada dia na lancheira. Como assim? Estas mães estão inflacionando nosso mercado. Assim fica difícil.

Você quer saber mesmo o que é um golaço nos dias atuais? Tomates-cereja num potinho, *cookies* caseiros sem glúten no outro, nozes ou castanhas-do-pará no outro e um suco de laranja-de-umbigo num vidrinho esterilizado. Seu filho é comilão? Bota mais um potinho com damasco ou morangos desidratados. Simples assim. Rá-rá-rá.

SÓ VOCÊ

RAINHA DO POUCO-CASO

CAPITALISTA DA MERENDA

SEM CORAÇÃO

PACIÊNCIA PASSOU LONGE

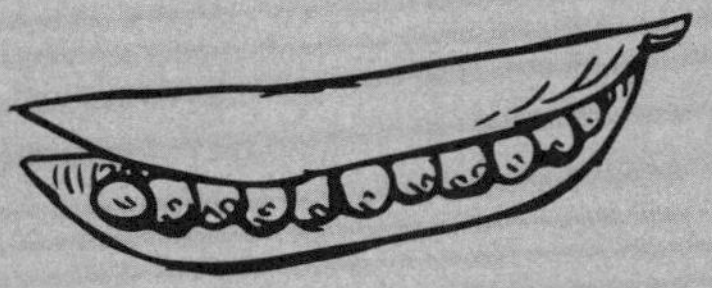

ARQUI-INIMIGA DA BELA GIL

DIFERENTONA

SÓ A METADE

Quando busco minha filha menor na creche, fico observando os trabalhinhos em exposição. É inegável que as pequenas pessoas com os nomes terminados com a letra A fazem desenhos mais claros, elaborados, têm melhor percepção espacial e psicomotricidade fina. Esse dado é facilmente checável com qualquer professora ou auxiliar de turma. Ali, no portão da escola, eu sempre me pergunto: em que momento que vira a chavinha e os guris passam a ganhar mais, ser mais promovidos e ignorar as nossas opiniões? Quando eles viram nossos chefes ou aprendem, num relacionamento, que o que vale para um não vale para o outro?

Muitas vezes eu tendo a botar a culpa na mídia, que faz desenhos com personagens femininas afetadas; no cinema, que raramente traz personagens femininas fortes, com nome, que não sejam violentadas, que tenham voz ativa e um papel importante na trama; ou na publicidade, que cria padrões de beleza e consumo inatingíveis. Mas, acho que no fundo, no fundo mesmo, a culpa é de todos nós.

Nem sempre estamos atentos para incentivar nossas filhas, para discutir com elas suas inseguranças, para ensinar os meninos a respeitá-las e, mais ainda, para dar o melhor exemplo possível. Como resolver isso? Como empoderar nossas meninas para que elas tenham um futuro melhor? Essa é a pergunta de um milhão de dólares. Dá pra começar falando sobre isso, que já é um avanço.

Eu tenho dezenas de amigas que são diretoras, vice-presidentes, fundadoras ou mesmo donas de sua própria empresa de sucesso e não se sentem à vontade para se apresentar assim. Têm receio de estarem sendo petulantes, de duvidarem de sua capacidade, de soarem impostoras. Eu também me atrapalho toda quando tenho que explicar o que faço, e não é porque eu sou muito importante. É tão mais fácil ser reconhecida como a mãe da Anita ou a esposa do Piangers. Às vezes, as pessoas ficam mais felizes com essa informação do que com a minha verdadeira atividade, que aliás é redatora e socióloga.

O que me falta e o que eu desejo para minhas filhas e para todas as outras meninas é muito simples: apenas a metade da autoestima de um homem branco médio. Mas, se possível, o dobro. Tô trabalhando nisso. E você?

O CURSO VEGANO

Vamos passar a tarde de sábado fazendo um curso vegano, *glúten free* e *lac free*? Recebi esse convite num grupo no WhatsApp. Era tanta informação saudável na mesma frase que topei. Mesmo sem entender do que se tratava.

Formamos uma equipe de cinco mães, uma mais preocupada do que a outra com a alimentação das crianças, com idades em torno de dois anos. O tema da aula era lanchinhos e petiscos funcionais. Na casa da professora, nos familiarizamos com o desconhecido: semente de painço, leite de amêndoas, biomassa e outras iguarias.

Minto se disser que na hora foi fácil. Na hora já foi difícil. Tudo tinha que ser pesado numa balança bem precisa. Para fazer uns bolinhos de chocolate, sem chocolate, manteiga, leite, ovo ou fermento, a gente tinha que pesar, por exemplo, sete gramas exatos de alguma coisa com o nome esquisito.

As comidas personificavam nossos anseios: eram tudo o que a gente queria que nossos pequenos comessem. Na volta, já passei no mercado para pegar uns ingredientes e a balança, é claro.

Estava tão empolgada que triturei abobrinhas e cenouras semicozidas, torrei a quinoa e fiz os *nuggets* mais douradinhos que o meu forno já viu. Para acompanhar, maionese, falsa, é claro, de uma sementinha que lembra alpiste. Também ordenhei as amêndoas e tentei me organizar para produzir um salgadinho com tofu defumado e o bagaço das castanhas que usaria no pão. Era tudo maravilhoso, mas não teve santo que convencesse as crianças a comer. O paladar infantil não se importa com as horas gastas na preparação.

O livro de receitas está esquecido na gaveta de panos de prato, nunca usei a balança e sigo comendo glúten. Unidas pela vontade de acertar, criamos um grupo que, entre uma receita e outra de sagu de chia, que eu tenho para mim que ninguém faz de verdade, se organiza para beber vinho e rir da vida. Mais saudável, impossível.

LIGAÇÃO DA ESCOLA

O mundo parou, o chão está tremendo, vem aí uma catástrofe. Estão ligando da escola. Você não consegue ouvir mais nada e se lhe perguntarem se você aceita doar os seus órgãos para experimentos científicos em Marte, você vai dizer sim. *Agora, já, pode levar.*

Poucas situações deixam mães e pais em tamanha tensão. É tão horrível que a gente atende o telefone já na maior fatalidade: "Sim, sou eu, fala logo, estou indo praí agora", antes mesmo que expliquem o motivo. A saber, na maioria das vezes, banal. Às vezes, quando ligam para avisar sobre um princípio de febre, repetem "mas tá tudo bem" tantas vezes que soa como uma mentira. Como se eles mesmos estivessem querendo se convencer daquilo. Desesperador.

Deveria ser proibido ligar da escola. Um *e-mail*, por exemplo, não assusta ninguém. É o melhor canal instituição--família. Pelo bem da saúde cardíaca das mães, mais *e-mails* e recadinhos na agenda, por favor!

E quando a coisa for séria, caso de polícia, ou melhor, de hospital mesmo? Como quando (bate na madeira) a criança leva uma bolada e desmaia, cai da escada e quebra a perna ou tem uma convulsão na aula de ciências?

Que tal enviar um psicólogo ao encontro do responsável, medicá-lo e depois conversar? Ou então, as prefeituras terem helicópteros à nossa disposição para esse fim? Porque nada pior que uma tranqueira no trânsito quando a gente tem que buscar os filhos na escola com o coração batendo mais de 200 vezes por minuto.

A chance de bater o carro aumenta uns 500%. As seguradoras deveriam nos perguntar: "A senhora tem filhos? Eles costumam ficar doentes no inverno? Acontece da senhora ter que buscá-los no meio do expediente? Sinto muito, senhora, mas precisamos fazer um ajuste em sua franquia".

Talvez eu esteja exagerando. A verdade é que a gente tem que confiar na escola e torcer para que nunca aquele número apareça no visor do telefone.

A
Aurora
lisa

Era sábado e eu tinha ido ao salão para fazer uma hidratação nos cabelos. A Aurora, de três anos, adora uma produção. Quando o cabeleireiro sugeriu uma escova, ela gritava: "Eu quero, eu quero mãe, vou ficar linda". Na cadeira do lavatório, era toda sorrisos. Mesmo quando começou o estica e puxa, ela se manteve firme. Primeiro a escova, depois uma chapinha para finalizar. "Olha mãe, parece outra pessoa".

Desceu da cadeira, parou o salão. Todos queriam ver a nova menina. Ela passava a mão nos cabelos e se olhava no espelho. Voltamos pra casa de bicicleta e quando chegamos no nosso prédio ninguém a reconheceu. "Amiga nova da Aurora?", "Olha que amor, parece com as tuas filhas", "Essa menina me lembra alguém", falou aquela senhora do nono andar, que já passou dos 90.

No elevador, ríamos da situação; ela passava a mão na franja e visivelmente não estava acostumada com o novo visual. A mim, foi uma viagem no tempo. Minha filha mais velha, a Anita, sete anos a mais, é exatamente igual à Aurora, a não ser pelos cabelos. Anita é castanha e tem os cabelos muito lisos. Quando era pequena, seu cabelo era mais claro. Então, aquela Aurora lisa, meio perua, parecia uma Anitinha de anos atrás.

Em casa, a irmã não parava de rir, o que fez a Aurora chorar. Não é muito legal alguém rindo da sua cara, e qualquer criança de três anos sabe disso. Ligamos para a família em Floripa e pai, vó e tia ficaram assustados. O pai logo achou que era para sempre, como uma escova progressiva. Estavam apavorados. Nós, que sabíamos que era só de brincadeira, tiramos várias fotos e enviamos com legendas do tipo "Cachinhos nunca mais", "Lisa e loira" e outras desse tipo, apenas para deixá-los mais apavorados.

No dia seguinte, a pequena seguiu lisa. Que trabalho. Mesmo prendendo a nova franja, que agora caía sobre os olhos, o cabelo liso exigia muita manutenção da Aurora. Ela estava incomodada, tirando do rosto, ajeitando com as mãozinhas e se estranhando no olhar dos outros. Lá pelas tantas, decidimos lavar logo o cabelo e recuperar os cachos. No banho, nem passamos condicionador, para não correr o risco dos cachos não voltarem. Ainda bem que foi só uma brincadeira. No final do dia, uma constatação: "Eu tava com medo de perder o meu superpoder". Não perdeu mesmo.

a festa das bruxas

A praia de Itaguaçu, em Florianópolis, fica perto da casa da minha sogra. Virada para o sul da Ilha, tem um mar continental, sem ondas e muito menos condições de balneabilidade. Seu visual curioso deu origem a uma das lendas mais legais que eu já ouvi: a da festa das bruxas.

Em mil novecentos e bolinha, as bruxas da Ilha decidiram fazer uma festa de arromba, em uma sexta-feira 13, de lua cheia. A previsão do tempo não poderia ser melhor: raios, trovões e nuvens bem assustadoras.

Na lista dos convidados, lembraram de todo mundo: mulas sem cabeça, lobisomens, vampiros, bicho-papão e até o Saci-Pererê, mas não botaram, simplesmente, o rei de toda a maldade, o Diabo, por causa do seu fedor de enxofre.

Já passava da meia-noite e o arrasta-pé corria solto quando o Tinhoso ficou sabendo do evento. Furioso, pegou seu jato particular e fez um voo das profundezas do inferno para a praia de Itaguaçu. No caminho, girou a roleta de crueldades históricas. Caiu em Medusa. Poder: petrificação. Ao aterrissar nas areias do litoral catarinense, acabou com o baile, transformando todo mundo em pedras gigantes na orla.

No último verão, contei a história para a Aurora. Passou uns dias e ela:

– Mãe, como se escreve "Diabo, você está convidado para o meu eversário"?

– Por quê, Aurora?

– É melhor, né, mãe. Agora eu sempre vou convidar ele.

Na semana passada, lá estava ela falando novamente em festas de aniversário. "Mãe, só não esquece de fazer uma lembrança pro Diabo também, tá?". Então, coisa-ruim, se você está lendo este texto, considere-se convidado para as festas da Aurora.

Esmaltes, batons e tic-tacs

No mundo ideal das crianças, elas podem usar muita maquiagem, andar sempre riscadas com bigodes de gatinho ou pintinhas de festa junina e comprar todas as sombras coloridas da farmácia.

Pintar as unhas seria tão trivial quanto respirar. Duas sessões de manicure por dia? Pouco, segundo a Aurora. E não seria qualquer unha, teria que ter muitos adesivos, brilhos, caviar e pelúcia. Desenhos de *cupcakes*, arco-íris, flores, corações e francesinhas também seriam obrigatórios no currículo da Mãe ou do PaiNicure.

Batons teriam uso irrestrito: bochechas, pálpebras, lábios, em volta da boca e eventualmente na barriga. Por que não? Os adultos também deveriam aderir a essa moda. Minhas filhas não lidam muito bem com o fato de eu não gostar muito de maquiagem. E quando o batom tiver cheiro ou gosto de morango e merecer uma mordida? Tudo bem, ninguém vai morrer por causa disso.

Nos cabelos, impera a lei da fartura. Se a sua cabeça comporta 50 tic-tacs coloridos, por que não usá-los? Duas tiaras ao mesmo tempo? Muito legal. Elas adoram mesmo é pentear (puxar) e encher de presilhas e elásticos nossos cabelos, geralmente mais compridos. Que mãe nunca se deu conta de noite que passou o dia todo com um elástico da Hello Kitty?

Na rua, mães e pais devem saber o limite da fantasia e do exagero, do que é brincadeira e do que é adultizar uma criança. Em casa, desde que não manchem de batom o sofá todo, que mal tem deixar as crianças serem felizes? É só esconder bem aquele *primer* caríssimo da MAC que a sua amiga lhe trouxe do *free shop* e está tudo certo.

A MÃE COMPETITIVA

Controlo-me para não ser insuportável. Mas, como resistir, num grupo de mães repleto de chororô, dúvidas, cocôs no tapete e xixis no pátio, a contar que a sua filha desfraldou-se sozinha enquanto você estava viajando? É pedir demais para uma mãe surpresa com o desenvolvimento dos pimpolhos. Nesses casos, eu não esnobo. Guardo, só para mim, informações extras como o fato de ela também ter deixado de usar fraldas noturnas com dois anos e nunca ter feito xixi na cama.

As reuniões de escola também são momentos de grande comichão na língua. "É estranho minha filha de três anos assinar o nome em toda parte e escrever o nome dos coleguinhas na sua mesinha de atividades?" e "Os filhos de vocês também estão com essa mania de aprender japonês com o Duolingo?" são frases que ficam martelando na minha cabeça, mas eu resisto e não abro a boca.

Por outro lado, eu adoro quando outras mães e pais revelam histórias impressionantes dos seus filhos. E quando a Lu me diz que o Ber conta até dez em inglês desde os dois anos ou a Leila fala que a Isadora já leu 20 livros esse ano, eu entendo esse orgulho que elas têm e não acho errado, muito pelo contrário. É evidente que não podemos cobrar dos nossos filhos que também façam essas coisas.

Toda criança tem o seu talento especial. Umas adoram brócolis, outras tomam banho sozinhas, outras não trocam os erres por eles, outras são incrivelmente afinadas, como meus sobrinhos Heitor e Flora. Há os extremamente gentis e tantos outros supertalentosos.

Na verdade, não se trata de uma competição, mas sim de um desfile de aprendizados. Uma exposição de motivos que nos deixam felizes. Pelo bem da humanidade, deixem as mães e os pais contarem suas pequenas vantagens em paz. Ao menos de vez em quando.

NO ESPAÇO SIDERAL

Logo que os bebês nascem, eles ainda não estão 100% no planeta, sua consciência está viajando pelas galáxias. Eles só se conectam à Terra quando querem mamar, fazer cocô ou quando têm alguma dessas sensações estranhas que os humanos costumam ter, como frio, cansaço e vontade de sair para pegar uma brisa. O resto do tempo ficam em Júpiter, Marte, Plutão. Adoram os anéis de Saturno. Vão até Netuno.

O melhor que temos a fazer é deixá-los em paz. Você gosta quando alguém te acorda no meio de um sonho? É como estar num mergulho incrível, vendo peixes de todos os tamanhos e cores, águas-vivas fluorescentes, cavalos-marinhos, pedras recobertas por estrelas e corais que abrem e fecham, e alguém te chama para pagar uma conta e arrumar a mesa do almoço. Sem condições.

Nenês pequenos gostam mesmo é de dormir. Se eles choram, é porque querem voltar para sua trip e não ficar ouvindo aquele papo "Gente, ele é a cara do Valdomiro, olha esse nariz. Se tivesse nascido de cesariana não teria essa cabeça amassada". Você acabou de nascer e todo mundo já está cheio de opiniões sobre a sua vida. É, no mínimo, muito desagradável.

Antigamente, as pessoas enfaixavam os bebês. Os recém-nascidos pareciam pequenas múmias. Hoje, ninguém mais faz. Para quem passou nove meses esmagado entre as costelas da mãe, a sensação deveria ser um pouco mais familiar do que um berço espaçoso repleto de aviõezinhos pendurados. Apesar de não enxergar muito bem, uma coisa os bebês sabem: lá dentro era bem mais legal. Mães e pais que entendem isso terão em média quatro horas a mais de sono por noite nos primeiros anos de vida dos seus filhos. Pense nisso.

UMA PESSOA MELHOR

Quando estou com as minhas filhas, não tenho medo de errar nem gaguejo numa apresentação. Não titubeio para tomar decisões, não mexem comigo na rua e ninguém tenta me enganar, que eu saiba, pelo menos. Existe um manto invisível que protege mães e pais quando estamos com nossa prole.

Ter um filho é ter superpoderes. A gente quer ser forte, ser divertida, ser justa e ser uma pessoa muito legal. Para que nossos filhos tenham orgulho de nós, queiram ser como a gente. Precisamos ser, no mínimo, supimpas o suficiente para que eles prefiram ficar ao nosso lado a assistir a *Peppa Pig* sozinhos no quarto. Se você quiser ler um livro ou fazer outra coisa, aí essa regra não se aplica.

Às vezes, não é fácil manter o tanque cheio de superforça, bom humor, gentileza, otimismo e amor. Tem dias que temos medo das pessoas na rua, da forma estressada que os humanos dirigem, de não conseguir pagar a escola naquele mês. Questionamo-nos se nossos filhos estão felizes, se não deveríamos nos preocupar mais com a alimentação ou mesmo começar a ensinar mandarim tão logo saem das fraldas.

Assim como existem esses dias de bateria fraca, outros nos surpreendem. Quando o foco de nossa insegurança ou fraqueza for, especificamente, os nossos filhos, descobrimos uma reserva de energia que nunca imaginamos ter. Quando um filho está com febre e você não dorme há dias e ainda assim consegue ser atenciosa e amorosa, aí você compreende o que é ser capaz de fazer tudo por alguém.

Ter filhos é um curso eterno de superação. Deve ser por isso que os nossos pais são avós bem melhores com os netos do que foram com a gente. Um dia chegaremos lá.

Baby blues

"**Como assim você não está no auge** da felicidade humana por ter acabado de parir este pequeno mamífero?", perguntou-lhe a sociedade nos 12 primeiros meses de vida de seu filho.

Falar de depressão pós-parto é um tabu. Quando tive minha primeira filha, tudo foi muito estranho para mim. Eu passei a entender compulsoriamente a minha mãe e a ter pena dela, deixei de me sentir bonita e atraente e, a pior parte, meu corpo latejava de dor.

Exemplo de diálogo corriqueiro naquela época:

– Por que está com essa cara?

– Porque estou com dor.

– Onde dói?

– Todas as células do meu corpo.

Cada mãe tem a sua forma de ir se levantando. Algumas precisam de ajuda. Outras, de uma amiga ou familiar que lhe leve uma sopa naquele dia mais triste em que você não tem forças ou tempo nem para se alimentar. Ou mesmo, de um marido atencioso que te traga sushi e fale "Hoje é comigo", dia sim, dia não. Ou de uma vizinha sagaz que dê uma volta de carrinho na quadra com o bebê para você cochilar, tomar um banho demorado ou chorar escondida.

Muitas vezes, mesmo que aos olhos dos outros você tenha tudo para estar feliz, por dentro, você está péssima, com vontade de chorar, de sair correndo, de voltar no tempo. São os hormônios, são as nossas dificuldades de aceitar as mudanças radicais na vida, o desconhecido, as noites sem dormir, a falta de diálogo e afeto com o cônjuge, as transformações no corpo, a possibilidade de ser demitida ou de ter que parar de trabalhar ou estudar que mexem com a gente. Teríamos que ser lunáticas para não nos abalarmos por nenhuma dessas questões. Não é feio não estar feliz, feio é não ter sentimentos.

A notícia boa é que isso passa. Mais cedo ou mais tarde, com ajuda profissional, familiar, do governo ou do cosmos, tudo passa. E assim que passar, você vai até deixar de rosnar quando um engraçadinho lhe perguntar: "E o irmãozinho, quando vem?".

INVASÃO DE PIOLHOS

Nova York tem mais ratos que pessoas. Paris está tomada de baratas e a cabeça do seu filho, mais dia menos dia, vai sofrer uma invasão de piolhos.

Não tem xampu, santo, nem rabo de cavalo que te proteja desse mal. Eu não pensava assim, até que uma das minhas filhas, não vou citar o nome para não a constranger, passou a reclamar insistentemente de uma coceira na cabeça. Ela já veio com o diagnóstico: piolho.

Nem cogitei acreditar nessa hipótese. Eu mesma lavo os cabelos delas, penteio, corto as pontas, dou banho de creme e brinco de cabeleireira maluca, que faz penteados fora do padrão, pelo menos uma vez por semana. Elas lavam mais, certo? Comigo é uma vez por semana, antes que alguém acione o Conselho Tutelar. De qualquer forma, pareceu-me inadmissível uma filha minha estar com esses insetos chupadores de sangue na cabeça.

O fato é que, nesse meio-tempo, fomos viajar e deixamos as crianças com a minha mãe. Ela veio de Curitiba para ficar com as gurias. Tudo que eu tenho de tranquila e despreocupada, minha mãe tem de atenta e responsável. Somos bem diferentes, nos complementamos e aprendemos uma com a outra. E ela, diferente de mim, revisou as cabeças e ficou apavorada:

– Ana, as gurias estão com piolho.

– Mãe, isso é impossível. Hoje em dia as crianças não têm mais piolho. Isso é coisa de antigamente.

– Não se preocupe, já estou tratando.

Joguei para o Universo e confiei na minha mãe. Naquela noite sonhei com vinagres, pentes e remédios fedidos. E comecei a me coçar. Piolho é uma praga tão contagiosa que você pega só de falar ou pensar. É lógico que, neste momento, enquanto escrevo este texto, pequenas criaturas imaginárias com minibocas repletas de dentes triangulares pontudos mordiscam minha nuca.

Serviço de utilidade pública e conclusão da história: era mesmo piolho e, quando voltei, a situação ainda estava fora do controle. Como sou alérgica, evito venenos tópicos, então pesquisei no YouTube e descobri um pentinho mágico de inox. Passei uns três dias entupindo o cabelo das meninas de condicionador e passando o pente. Em crianças com cabelos crespos ou cacheados, é melhor passar uma chapinha antes. Um pouco de vinagre no condicionador não faz mal a ninguém, pelo contrário, deixa os cabelos muito mais brilhantes. No final das contas, ainda ouvi isso: "Sabe que eu gostei de pegar piolho? É tão gostoso ter sempre alguém mexendo na minha cabeça", de uma pessoa que pediu para não ser identificada.

SEMPRE ALERTA!

Certa vez, conheci uma senhora na Flórida, que me contou que ficava o tempo todo se policiando para não se distrair.

Segundo ela, não importa o que um cachorro esteja fazendo, de tempos em tempos, ele parece se lembrar de que tem que caçar esquilos. Então, sai correndo do nada farejando lixeiras, garagens e arbustos.

Nós, humanos, a não ser que sejamos extremamente focados, também temos alguns estalos do nada e abandonamos o que estamos fazendo por outra atividade. Isso não é uma característica boa.

Mas, quando temos filhos pequenos, esta habilidade ou falta de foco é altamente providencial. Especialmente em locais públicos, ou na nossa própria casa, perante as grandes ameaças da humanidade, também conhecidas como tomadas, gavetas, objetos pequenos engolíveis ou engasgáveis, quinas de mesas, portas sem trancas e toda sorte de perigos domésticos.

É meio impossível não ficarmos paranoicos. E a gente vai ficando tão, tão louco que tem vontades muito estranhas, como a de fazer um capacete de espuma para que a criança não se machuque nos 30 tombos diários que toma quando começa a andar.

No meio dessa loucura toda, buscamos ferramentas para nos tranquilizar. Sejam elas a prática da meditação ou trocentas quinquilharias para deixar o lar seguro. O importante mesmo é estar sempre alerta, com um olho na nuca, e nunca desligar, como um cachorro caçador de esquilos. Dá uma canseira, você não acha? Não temos opção.

O GPS FEMININO

Fazia calor e eu peguei uma carona com um casal e sua filha para voltar de uma festa em Guarapiranga, São Paulo. A Aurora estava comigo, no banco de trás, bem como a filha deles. O papo estava ótimo até que o pai falou: "Tô meio perdido, tenho problema para me localizar", e concluiu: "Eu tenho esse lado feminino".

Não precisei conferir o meio das minhas pernas para saber que estávamos no Campo Limpo. Fiquei chateada com a colocação dele, que certamente não viu nada de mal ou de errado no que falou. De onde as pessoas tiram essas coisas e, o mais importante, quando vão parar de reproduzir essas bobagens?

Consciente das minhas vulnerabilidades, não queria ter que descer do carro, então me calei. Queria só ver o que aconteceria se a Anita estivesse junto. Acho humanamente impossível ela ficar quieta numa situação dessas.

Não é justo que as meninas sejam obrigadas a crescer ouvindo essas e outras tantas bobagens sobre nós sermos mentalmente incapazes ou inferiores. Talvez a grande diferença entre as mulheres e os homens seja que nós não temos que ficar provando e reafirmando nossa masculinidade 24 horas por dia. Isso é tão automático, que aquele pai, muito gente boa, por sinal, nem percebeu. Ninguém estava questionando, ele realmente não precisava falar isso. Mas falou. E eu não tive coragem nem espaço para iniciar uma discussão. Deveria.

A PROFESSORA ESTÁ GRÁVIDA E EU TAMBÉM

Spoiler: todos os personagens desta história nasceram em 2012 e estavam no auge de seus três anos quando isso aconteceu

Mãe da Luisa:

A professora chega para mim e fala: "A Luísa está grávida. E noiva do Xandi. Eles vão casar". Opa!

Mãe do Xandi:

"Tomei um choque. A professora falou que a Luísa estava grávida e que o Xandi assumiria o filho. Disse também que ia ter casamento".

Aqui em casa, a situação não foi diferente. De almofada na barriga, a Aurora me interpelou na sala: "Mãe, dói pra nascer?", olhei perplexa. "Eu acho que eu tô grávida do Xandi." Só faltou um teste de farmácia na mão.

Assim foi na casa da Malu, da Isabelinha e da Elisa, que estavam alargando as roupas ao carregar suas bebês de brinquedo dentro das camisetas. Não sei o que foi pior, esse falso *baby boom* ou o fato de o inseminador ser o mesmo. Todos os bebês da turma do minimaternal da creche seriam filhos do mesmo pai, o Xandi, o melhor amigo de todas as meninas.

O mais complicado mesmo estava sendo para ele. Como cuidar de tantos bebês ao mesmo tempo? E os casamentos todos? Cris, a mãe dele, não sabia nem por onde começar a explicar o mundo real.

Passado o susto, descobrimos a origem de todo esse burburinho. Paola, a jovem professora, estava grávida de seu namorado. Portanto, gravidez, noivado e parto tornaram-se recorrentes naquela turminha.

Marcamos até reunião com a coordenadora pedagógica para esclarecer as coisas. Mas foi a Dani, a mãe da Malu e psicóloga oficial do grupo, que nos orientou. Segundo ela, a alegria da professora em relação à gravidez fez com que as crianças trouxessem esta vivência para casa. Tão simples e normal quanto eles brincarem de escola e imitarem as professoras. Melhor assim, eu não queria ser avó antes dos quarenta. Nem que fosse de brincadeira.

As babás eletrônicas

Eu detesto televisão, mas adoro fazer almoço sem brigas nem interrupções. Ou mesmo tomar café da manhã lendo notícias, um luxo supremo. Então, leitoras e leitores, lidem com isso: eu gosto (um pouquinho) que minhas filhas se distraiam com tv e internet.

Tenho um casal de amigos que não tem televisão em casa. Seus filhos ficam fascinados por aquele retângulo brilhante na sala de estar dos vizinhos. "Meu amigo do colégio pode assistir desenho, e a Anita?", perguntou-me seu filho mais velho, certa vez. Fui sincera: "Ela assiste, a não ser que esteja de castigo". "Então eu vivo de castigo?", questionou, colocando-me em uma das maiores saias justas da vida. "Tecnicamente não" e encerrei o assunto.

Anita se diz "viciada em internet". Constrói de embalagens com pompons de papel enormes a unhas com efeito *ombré* como uma profissional. Assina diversos canais de tutoriais no YouTube e nos surpreende com habilidades manuais e frases em japonês. *"Konichiwa"*.

Ainda não tão perspicaz, a Aurora gosta mesmo é de Netflix. Alguns desenhos animados me deprimem um pouco porque não consigo entender a história, a relação entre os personagens nem o porquê daquela psicodelia toda. Se você tem mais de 30 anos, experimente assistir *Hora de Aventura*. Fico só imaginando o processo criativo dos roteiristas. Será que eles moram no armazém do Walter White do *Breaking Bad*?

Em função da psicodelia, parte das crianças mergulha tão fundo nos desenhos animados que consegue abstrair completamente o que acontece a sua volta. Você chama dez vezes e elas não escutam. Nem apelando para expressões mágicas, como "chocolate", "sorvete" e "dormir na cama dos pais". Só saem do transe quando desligamos a televisão ou o sinal do *wi-fi*.

Ficar sem internet é um dos piores pesadelos das minhas filhas. Ontem, no carro, a Aurora inventou uma brincadeira na qual ela era a Ladybug, eu era uma vilã e o pai era o Supergato. A pequena está tão habituada à cultura digital que, quando eu comecei a interpretar meu personagem, ela falou: "Espera, tá carregando ainda".

Como brincar no seu *home office*

Trabalhar em casa com filhos parece um sonho, uma barbada, a coisa mais incrível do mundo para quem não tem crianças ou passa o dia num escritório. Imagina que maravilhoso poder conciliar tudo? Não é bem assim.

Trabalhar em casa é bom. Pijama, pausa para uma soneca, silêncio, cheiro de café, dar um pulo na feira, pantufa, tomar um banho relaxante no meio do expediente, fazer um alongamento, entre outras maravilhas. Mas é tão caótico quanto a frase anterior. Adicione um ou mais filhos nessa equação e sua paz acabou.

Verdade seja dita, a maioria das mães vive conectada e, independentemente de trabalhar fora, em casa ou não trabalhar, tem naturalmente uma série de coisas para fazer. Por outro lado, crianças gostam/precisam/querem/exigem atenção, de preferência, exclusiva. Como lidar?

Poucas mães não sentem uma descarga elétrica no corpo ao ouvir: "Mãe, brinca comigo?".

Você tem dois caminhos: explicar que não pode naquele momento e arcar com a reação. Ou parar o que estava fazendo e brincar.

Eu não gosto de brincar. A essa altura do livro você já entendeu que a mãe perfeita não existe, certo? Tenho preguiça, acho chato, cansativo, tenho vontade de fazer outras coisas.

Minha filha de três anos inventa tanta regra nas brincadeiras que é humanamente impossível evoluir. Por exemplo:

– Mãe, você é o cavalo. Quando eu te perguntar se você tá com fome, você diz não.

– Cavalo, você está com fome?

– Não.

– E com sede?

– Também não.

– Eu não disse para você dizer que não estava com sede, só que não estava com fome...

E assim vai. É muito difícil se concentrar e adivinhar o roteiro da brincadeira. Com legos, a mesma coisa:

– Eu não quero que tu ponha essa peça vermelha aqui.

Mas, para não traumatizar nossas crianças para sempre, quando elas não têm um amiguinho para brincar, eu e outras mães no mesmo barco criamos alguns subterfúgios: incluímos as pessoas pequenas nas nossas atividades. "Vamos lavar umas coisas na pia? Vamos fazer um suco, você é responsável por mexer/cortar/apertar botões." A atividade depende do grau de desenvolvimento da criança. "Eu falo uma coisa do meu trabalho e você desenha, que tal? Já sei, vamos brincar de massagem nas costas da mamãe!". Essa última é, de longe, a minha técnica preferida.

O CONVIDADO

O filho de uma amiga convidou um colega para almoçar na sua casa. Refeições com crianças são tensas. Na casa da Mari, o mais velho come muito bem, mas sempre questiona tudo, o mais novo, de três anos, não come nada. Idem, Ibidem no meu lar.

Quando tem visita, é de se esperar que sejamos cordiais e mais civilizados que no dia a dia. O garoto, ciente de possíveis problemas, avisou o amiguinho, tão logo a família se sentou à mesa:

– Thiago, se você quiser comer só arroz e farofa, tudo bem. E Gustavo, não se preocupe, que a mãe não vai bater na gente hoje!

Mariana, o exemplo de educadora e uma das mães mais amorosas e pacientes que já vi, ficou naquele lugar que eles sempre nos colocam, entre a vergonha e a vontade de rir. Perdeu até o apetite. Ninguém apanhou. Ao menos, é o que eu acho.

Ciberperigo

Já pensou se a gente pudesse assistir agora toda nossa infância, os primeiros beijos atrapalhados da adolescência, os vestidos bufantes das festas de 15 anos, as noites viradas nas casas das amigas conversando até amanhecer, rever o menino mais bonito da escola vestido de mulher na gincana de 93? Não estou falando de fitas VHS toscas, nem de ajustar o *tracking* do videocassete, mas sim de filmes em HD, editados com legendas, artes espertas e muitos *emoticons*.

Em menos de dez anos, nossos filhos vão ter acesso a uma infinidade tão grande de imagens suas e de seus amigos que poderão fazer longas-metragens e até mesmo séries sobre suas vidas. Mas e se, no meio do caminho, alguém filmar uma filha sua em algum momento mais íntimo e isso for compartilhado em grupos da escola, grupos de pornografia de pedófilos, de abusadores, do seu próprio marido e de pré-

-adolescentes que ainda não aprenderam o que é um espermatozoide?

A mãe é sempre a última a saber. Mesmo que saiba em primeira mão, sinceramente, o que podemos fazer? Confiscar todos os celulares e computadores do mundo? Dar uma surra nas pessoas que compartilharam? Mudar para Marte? Nada disso está ao nosso alcance.

Perco horas pensando em como falar em tom não professoral com as crianças de dez anos ou mais. Não quero parecer uma inspetora de colégio de freiras quando explico que consentimento é a palavra de ouro.

Ninguém tem o direito de filmar, fotografar, nem mesmo conversar com alguém que não lhe deu consentimento, não disse sim. É o velho *não fale com estranhos* adaptado aos dias e aos perigos dos anos 10 do século XXI.

Meninas são difamadas todos os dias. Suicidam-se. Têm que mudar de cidade. Ninguém quer isso para quem ama. Enquanto isso, imagens de crianças e adolescentes tiradas às escondidas rodam sem obstáculos pela internet.

Nossas filhas precisam saber que as suas vidas só dizem respeito a elas mesmas e que não podem ser registradas, que isso não é seguro. Nossos filhos precisam saber o mesmo e ainda mais, que é importante respeitar as meninas, não colocá-las em situações de perigo e jamais achar que estão dizendo sim quando falam não.

Para sermos ouvidos, precisamos pedir que eles tirem os fones e conversar sendo descolados e sérios, modernos e responsáveis, amigos e protetores, sinceros e divertidos. Mas acima de tudo, começar dando exemplo e apagando aquelas fotos ridículas que tiramos deles no vaso.

NO CAMINHO *da escola*

"Você quer mesmo saber o problema do trânsito?", perguntou-me um taxista supondo que eu não tinha filhos. "Escola! Malditos pais e mães, cada um no seu carro querendo parar bem na frente do portão!", esbravejou o moço. Por mais simplista que essa visão seja, sua teoria faz sentido. Eu adoro transporte escolar.

Minhas filhas estudam relativamente perto, mas na hora do *rush* – e a hora de levá-las e buscá-las na escola é exatamente essa – tomaria 40 minutos para ir, meia hora para estacionar e, com sorte, mais meia hora para voltar para casa. Fora desse horário, em dez minutos estou lá. Bizarro, mas verdadeiro.

O tio da van delas é mal-humorado, tem gosto musical reprovável e o seu veículo não prima pelo conforto. Em compensação, já levou para a escola gerações de crianças do meu prédio e tem boa reputação. Eu o defendo com todo meu latim quando as crianças se revoltam. "Você gosta de Kombi, acha *vintage* e legal porque não sabe como é ruim passar duas horas por dia dentro de uma, com crianças berrando na tua orelha", postula minha mais velha toda vez que eu engato uma defesa apaixonada pela "Escolar". Crianças berrando, ela inclusa.

Não sei mesmo o que é passar duas horas por dia com uma trupe repleta de chicletes e balas (a menor ainda me conta toda a verdade), mas houve um tempo que eu tentei levá-las para a escola. Foi bem estressante. Eu ficava o trajeto todo sonhando com um isolamento acústico entre a parte do motorista e os bancos de trás, como nos táxis de Nova York que a gente vê em filme. Eu, motorista estressada e com medo de assalto no trânsito, sou minha pior versão de mãe. E ninguém gosta de ser a mãe monstro. Prefiro ser a mãe que "não se importa que os filhos vão pra escola numa Kombi velha". Os taxistas agradecem.

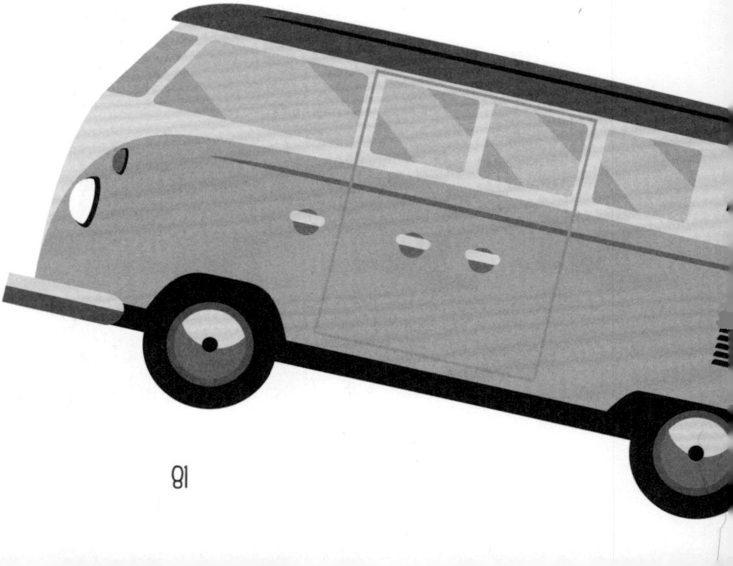

PRESENTE DURO E PRESENTE MOLE

Criança pequena gosta de presente duro, ou seja, brinquedo. Se eles apalpam a embalagem e suas mãozinhas afundam no papel, raramente escondem o descontentamento. Presente bom faz barulho quando chacoalhado. É pesado, usa pilha, pisca e toca alguma música insuportável.

Quando o pacote é duro e pequeno, eles logo sacam que vão ganhar um livro. Os mais educados fingem alegria. Nunca conheci uma criança que não goste de fato de livros, mas não gostam de ganhar. Desde minúsculos, encaram como obrigação. Na real, a obrigação é nossa, de ler inúmeras vezes a mesma história mesmo quando estamos caindo de sono.

Por mais *itgirl* ou David Beckham que seu filho possa ser, ganhar roupa é a versão infantil de ganhar bijuteria barata quando você é adulta. Tenho uma amiga que ganhou umas bolas tão grandes e estapafúrdias de aniversário que, ao invés de pendurar na orelha, usou como enfeite de Natal.

Nem adultos se divertem ao ganhar roupas. Imagina as crianças. Várias te olham com aquela cara de "É sério isso?" quando você entrega o pacote (mole) jurando que está arrasando com aquele conjunto de moletom todo bordado com algum personagem infantil que lhe custou o preço de um mês de pilates.

Portanto, antes de comprar um presente, lembre-se daquele dia em que recebeu:

1) uma calcinha bege modelo vó da sua própria vó (ela percebeu que não lhe serviria e resolveu lhe repassar o presente);
2) sutiãs seis números maiores;
3) chaleiras de vaquinha;
4) aquele vestido de dançar tango com estampa de oncinha e rosas;
5) um estojo de canetinhas usado no amigo secreto da sexta série.

Não seja essa pessoa, não vire estatística.

Se a mãe insistiu que queria roupa – sou dessas – compre algo bem básico e resista com todas as suas forças a dizer: "Achei a cara do fulano". Até porque a gente não achou a cara do pestinha coisa nenhuma. Achou na promoção e não tem etiqueta de troca.

A HORA de FALAR de SEXO

"É quando o homem coloca o pinto na vagina (ou ppk) da mulher." Esse dia vai chegar e você vai ter que dar uma resposta dessas. Quanto mais objetivas forem suas palavras, menos dúvidas a criança vai ter. Não estranhe se ouvir um "ah tá" e o assunto sumir por meses.

Lá pelos cinco anos eles precisam ter esse discernimento. Adoram se sentir espertos, olhar para uma grávida, dar uma piscadinha e falar: "eu sei o que aconteceu", com ares de detetive.

Comigo foi assim: um dia minha filha me perguntou o que era fazer "sexy". Ela já estava confundindo as coisas, precisávamos conversar. Percebi que não dava mais para ficar enrolando e desenhei os aparelhos reprodutores numa folha para explicar. É uma tática boa para eles entenderem e pensarem mais teoricamente do que praticamente sobre o assunto.

Nos meses seguintes à explicação, pode esquecer os métodos anticoncepcionais porque você contará com o apoio intensivo de um vigilante contra o aumento da taxa de natalidade. Um fiscal do sexo. Toda vez que você pensar na possibilidade, seu filho vai surgir querendo ver filme junto, dormir na sua cama ou bater na porta do banheiro. E se, um belo dia, você furar o cerco, driblar a patrulha e engravidar, esteja preparado/a para admitir que sim, você fez sexo de novo.

Uma das minhas melhores amigas tem três filhas. Quando engravidou da Malu, a mais velha não se conteve: "puxa mãe, três vezes é demais, você não acha?". Minha amiga riu e deixou essa resposta em *stand-by*. Quando a Duda entrar na adolescência ela retoma a conversa.

MEDO DE MÁ-DRASTOS

O tio Chicória foi o padrasto mais legal que conheci. Ele casou com a mãe da Maitê, minha melhor amiga do colégio, quando estávamos na segunda série. Francisco de Borja Baptista Magalhães Filho tinha muitos predicados para ser um cara supimpa: era filho de diplomatas e falava oito línguas, era um economista que sabia tudo de todos os assuntos, vivia na estica e nos levava para cima e para baixo no seu Opalão 72.

Na adolescência, ajudava em todos os trabalhos da escola e, mais tarde, da faculdade. Emprestava o Opalão para darmos uns rolés e tinha longas discussões com a gente. Sempre sem se colocar numa posição de sabichão, que era de fato, e nem nos colocar numa posição de "geração alienada", que éramos de fato. Ele era tão culto que, quando jovem, venceu um *quiz* chamado "O Céu é o Limite", na extinta TV Tupi, por quase 30 vezes consecutivas.

Mas nem todo padrasto é assim e poucas coisas deixam uma mãe tão apreensiva quanto se casar de novo. "Será que meu novo marido vai amar e ser gentil com meu filho?" é a pergunta que não quer calar. O medo da resposta ser **não** é tão grande que faz com que algumas pessoas nem queiram mais se relacionar depois de uma separação.

Não faltam histórias de padrastos e madrastas que são rudes com seus enteados, inclusive nas páginas policiais. Pessoas próximas de mim tiveram experiências bem desagradáveis.

Alguns maridos têm ciúmes, provavelmente por enxergar na criança um elo eterno da esposa com o ex. É exatamente isso que essas crianças são, especialmente quando o ex é um pai bacana. Assim, se esse fato estiver bem claro desde a primeira troca de mensagens na madrugada, economizam-se rugas, lágrimas, brigas e horas de terapia.

Alerta! Uma mãe em PAZ

Entro no banheiro, a maçaneta gira. Que estranho fascínio as crianças têm em não deixar as mães nem fazerem cocô. Sempre têm um assunto importantíssimo para perturbar esse momento escatologicamente íntimo.

Outro dia, estava meditando de manhã bem cedo, no horário que chamo de oásis, quando senti dedinhos com unhas compridas tentando abrir meus olhos. Tive que rir, eu estava tão concentrada que não ouvi os passos.

Minha filha mais nova adora sentar nas minhas costas quando estou fazendo yôga. Também sempre pede para digitar seu nome cinquenta vezes quando eu ou meu marido estamos escrevendo no computador. É difícil resistir e coibir essas intervenções de fofura.

Muitas mães madrugam para poder se arrumar sozinhas, tomar um banho decente, correr na esteira ou pensar na vida. Quando os pimpolhos acordam, eles querem atenção e não poupam esforços para consegui-la o máximo de tempo possível. Felizmente meu marido é o brincalhão da casa, o que me garante sair do radar por algum tempo. As crianças nascidas depois de 2000 são realmente eficientes em estar no centro das atenções.

Se, em contrapartida, você quiser chamar a atenção dos pequenos, não é tão fácil assim. Tenho uma dica que costuma dar certo: posicione-se próximo à criança e esqueça o tradicional – desligar a tevê, a internet, ameaças de que é a última vez que você vai (...) – e abra um livro. Imediatamente eles acendem a luzinha de **Alerta! Uma mãe em paz** e vêm correndo até você.

NÃO É JUSTO

Eu aviso que vou sair com amigas, as meninas querem ir junto. Reclamam, argumentam, choramingam e inventam mil desculpas para se enfiar na minha programação. Às vezes, eu levo porque não tenho com quem deixar e porque minhas amigas adoram as pessoas pequenas.

Quem não gosta muito são os donos de bar. Grito, correria e idas ao banheiro fazem parte do pacote. Crianças amam fazer cocô enquanto nosso chope esquenta na mesa. E amam mais ainda anunciar isso aos berros. Ou brigar com a gente, também aos berros, porque justificamos, em cochichos, nossa saída para alguém da mesa.

Na rua, para entreter as crianças, minimamente é preciso papel, canetinha, polenta, pães, sucos orgânicos e *wi-fi* de qualidade. Aliás, nunca peça suco de uva se a sua roupa for clara. Sempre sobrará um respingo inconveniente quando o suco virar. E ele vai virar.

Depois de uma hora, duas no máximo, é impossível não ficarem correndo para cima e para baixo. É hora de ir embora, chamar o táxi e torcer pra não ter protesto infantil para ficar mais um pouquinho.

Se eu fosse dona de bar ou restaurante, abriria mão de algumas mesas por um espaço *kids*. Mas cobraria uma taxa de crianças. Nada proibitivo, só o suficiente para repor aquele copo quebrado. Por que sei que eles perturbam. Não vou deixar de sair, mas reconheço, admito a encrenca.

Tem criança que não liga que as mães saiam, talvez porque a mãe sair sozinha seja algo tão raro que eles pensam: *oba, festaaaaa!* Eu invejo quem ouve "tchau mãe". Também fico impressionada com o poder de barganha de algumas pequenas de três anos que conheço. "Mãe, você pode sair, mas vê se arruma logo um namorado para me dar um maninho", pede Sofia, amiga da Aurora, à sua mãe separada.

Não é justo é bom-dia aqui em casa. Meu time é mais de se pendurar na perna, gritar e fazer CPI. Comigo é bem mais dramático do que com o meu marido, mas um dia desses quase morremos do coração quando a Aurora vestiu as galochinhas e se postou na porta querendo viajar com ele. Sair sem elas é enfrentar uma dupla postada na porta, de braços cruzados clamando por justiça. A justiça de ir e vir. Com os pais, para toda parte.

O tema de casa dos pais

No meu tempo eu era a rainha da lição de casa. Os colegas ligavam para minha casa ao invés de ligar para a escola para saber o que tinha de tarefa. Por quê? Diferente da secretária da escola, que tinha que procurar entre todas as agendas do colégio, folhear e encontrar uma anotação às vezes incompreensível, eu sabia DE COR. Lição de casa era comigo mesma. Chegava da escola e mandava ver. Eu tinha alguma espécie de prazer em fazer aqueles exercícios sobre o que tinha aprendido no dia.

Quando vim morar no Rio Grande do Sul, estranhava as crianças que reclamavam do volume de seus temas. Levei algum tempo para sacar que tema não era uma autobiografia que todos deveriam redigir durante o primário, era a lição de casa.

Antes, a lição era absolutamente destinada às crianças. Isso mudou radicalmente. Conheço crianças de oito anos que tiveram que escrever praticamente uma monografia sobre a imigração alemã no quarto ano. As maquetes de cidades lideram com folga as listas de maiores pesadelos dos pais de hoje. Maquete, não tem como escapar.

Já cheguei ao cúmulo de mudar uma filha de escola por causa do excesso de trabalho para casa. Ela estava no primeiro ano e passava a manhã inteira debruçada na mesa da sala tentando dar cabo em um sem-fim de atividades. Era mãe pra cá, mãe pra lá. A guria nem sabia escrever, então eu não tinha como me esquivar. Precisava ler, ajudar realmente, explicar, fazer por ela, alfabetizá-la por fim. Nunca me esqueço de um dia que a vi na mesa, sentadinha, tomando um chá com apenas UMA folha na sua frente.

Fiquei contemplando a distância. O tempo passava lentamente e a pequena parecia livre da estafa diária, não tinha pressa. No entanto, uma observação mais atenta mostrava que havia algo em seu semblante que destoava da calma que sorvia seu chá.

Pegou os lápis de cor e passou mais de uma hora pintando a folha antes de me chamar. O alívio deu lugar ao pânico quando percebi que dentro de cada casulo de caracol havia uma continha de duas casas, simples, mas chatas como 83 - 27 = ?. O problema é que eram 64 contas por fazer e já estava na hora do almoço.

Eu não queria fazer por ela. Também não queria que ela perdesse a van, nem ter que levá-la e me atrasar no meu trabalho. Mas fiz, sem calculadora, pelo menos. Senti-me péssima, abusada. Aquele tema não era para mim, mas era demais mesmo para ela. Aquilo não estava certo.

Hoje em dia, em outra escola, raramente sou solicitada. Então, nesse regime de exceção, não me importo de ajudar. O que me intriga no momento é outra questão: ao invés das crianças do sexto ano se virarem sozinhas, todo dia tem uma mãe pedindo foto do caderno e querendo saber matéria de provas nos grupos de WhatsApp.

Imagino que a sua intenção é a melhor possível. Algumas devem temer que os filhos reprovem, o que é um baita prejuízo financeiro. Espio o grupo das crianças e não se fala de tema por lá. Resisto a passar o serviço no grupo dos adultos por dois motivos: já me aposentei como informante do tema tão logo concluí a oitava série e porque algo me diz que pais e mães assumirem essa obrigação é tão errado quanto colar numa prova.

√25
Bla
H2O
Bla
Bla
5+5=10

ALTO LÁ, MOCINHO!

Quando eu não tinha filho, não fazia a menor ideia do que as mães pensavam sobre outras pessoas educando sua prole. Na minha cabeça, uma criança que estivesse agindo de forma perigosa deveria ser corrigida por um adulto que estivesse por perto. Se eu via pequenos correndo na frente de balanços, um pirralho sentando a mão em outro ou mesmo uma criança comendo bombons no mercado antes de passar no caixa, eu intervinha, repleta de segurança e razão.

Meu chão tremeu quando um quinteto de pequenos bandalheiros de cinco anos perseguiu minha filha de dez meses numa corrida que resultou em tragédia. Ela caiu de uma varanda e machucou-se. Após socorrê-la, catei pelo braço o menino maior, casualmente filho da minha melhor amiga, passei-lhe um sermão e dei-lhe um chacoalhão. Congela esta cena. Cinco mães me olham perplexas. Elas não estão nem aí para o fato de a minha bebê ter sido induzida a cair e estar chorando. Estão indignadas com o fato de eu ter batido no filho de outra pessoa.

Nunca tinha passado pela minha cabeça isso. Desde que eu tinha virado mãe, meu trabalho era proteger a minha filha de crianças de um ano e meio que viravam o bebê-conforto, de três anos que ameaçavam enfiar os dedos em seus olhos e, naquele dia, de uma gangue de meliantes que já sabia assinar o nome. "Ana, tudo bem, eu não me importo. Você virou mãe agora, não sabe. Você não pode, em hipótese alguma, corrigir e muito menos bater no filho dos outros", explicou com paciência minha amiga Tânia. Entendido, foi mal. Desculpei-me.

Os perigos seguiram existindo, mas passei a atuar mais na área de prevenção de acidentes. Sem, é claro, privar minhas filhas de brincar nas pracinhas da vida mesmo na presença de crianças famosas por facilitar o afogamento de pequenos na piscina, portar espadas e estilingues e cuspir na cara dos menores.

Nunca subestime as mães. Nós temos uma capacidade ilimitada de solucionar problemas à primeira vista impossíveis. O filho de uma amiga andava roxo de tanto apanhar de uma menina maior que ele na van. A situação estava insuportável. Minha amiga apareceu na escola um dia, abaixou-se na altura da agressora e falou: "Você está chutando ele, né? E ele é menor que você. Sabia que eu também adoro bater em quem é menor do que eu?! Aqui está meu telefone. Pode dar para a sua mãe, se ela quiser me ligar". Nunca mais bateu e a mãe nunca ligou.

Eventualmente mando um "Ei, peraí" mesmo na presença dos pais. Não me importo que corrijam, verbalmente, minhas filhas. Há quem se incomode muito. Boa parte das mães prefere que seus filhos não brinquem com crianças maiores para evitar problemas.

Prefiro a liberdade e o risco, porque a vida é assim, cheia de pessoas prontinhas pra empurrar com força o gira-gira quando estamos distraídos. Prefiro estar junto nas primeiras vezes que isso acontecer, porque vai acontecer.

O FILHO ÚNICO

Convivi com muito poucos filhos únicos na vida. Na minha família, entre 28 primos, só um é filho único. Minto se disser que somos camaradas. Desde o dia em que ele nasceu e roubou o centro das atenções do meu tio que cuidava de mim e dos meus dois irmãos, nunca o perdoei. Durante algum tempo fomos amigos, até ele crescer MUITO e eu não poder mais brincar de lutinha sem ficar com medo de tomar uma surra épica. Hoje em dia pouco nos vemos, mas ele adora dizer que não gosta de mim para minha mãe.

Cresci achando que crianças sem irmãos eram egoístas, mimadas e projetos de ditadores. É uma injustiça, um clichê com pessoas que, a bem da verdade, não têm qualquer culpa disso. Foram os seus pais que decidiram "não, assim não dá, com o preço da escola, é melhor pararmos por aqui, eu preciso conhecer Inhotim antes de ficar velho, o quê, R$ 80,00 um pacote de fralda? Não aguento mais filho". Já fui do time que achava que um estava de bom tamanho.

Durante sete anos minha Anita foi filha única. Todas as moedas e os trocados no fundo da bolsa, todos os brindes que meu marido traz do trabalho, todos os 86.400 segundos de cada domingo. Era tudo dela. E tudo bem.

A noite em que engravidei da Aurora teve sushi, vinho branco, céu estrelado, um motel bagaceiro e uma crise conjugal. Ela definitivamente não foi planejada. Mas eu curti a ideia de ter mais um filho.

Quando ela nasceu, eu já tinha esquecido do que era ter um bebê em casa. A Anita, que eu achava tão pequena, se tornou uma adolescente ao nosso ver. A integração entre elas não foi imediata. Hoje tomam banho juntas, brincam e brigam com gosto. Um irmão é uma escola intensiva de convívio. No lugar de aulas, um recreio eterno. Especialmente para os pais, que podem até conversar enquanto as crianças destroem a sala.

Ops, meu filho caiu

Certa vez, um *blog* sobre maternidade publicou uma foto de mães sentadas num parquinho, todas em seus celulares. O *post* era sobre como somos julgadas por estar no celular quando deveríamos estar utilizando nossos corpos como escudo para eventuais quedas e nossa atenção deveria estar 100% focada na criança. Dezenas de mães processaram o *blog* por difamação e uso de imagem. Diziam que tinham sido fotografadas sem autorização. A foto, na verdade, era publicitária e havia sido produzida para a postagem. Aquelas mães nem eram de verdade, nem filho tinham.

O que nos leva ao parquinho? Geralmente queremos que nossos filhos brinquem ou precisamos espairecer, respirar um ar puro. De que adianta ir para o parquinho se o seu filho não socializa com outras crianças, quer brincar apenas com você e assim estar a salvo de todos os perigos? É conveniente para pais que não gostam de falar com pessoas, algo comum na idade adulta, mas cansa pacas.

Se o plano é a criança se divertir e cansar, gastar aquela fonte inesgotável de energia de outra forma que não seja pulando na sua cama quando você já está um zumbi, o parquinho pode ser uma boa. Enquanto isso, você tem diversas possibilidades: ler um livro, conversar com babás, outras mães e pais, tirar fotos das crianças ou responder aquele *e-mail* urgente. Vida real, o que você faz?

Quem respondeu qualquer coisa tecnológica provavelmente acertou. Há algum tempo viramos ciborgues e vivemos com essa extensão no final das mãos chamada telefone celular. É evidente que não podemos ficar só no celular, nem botar fones sob hipótese alguma.

Independente de ficarmos como moscas em volta das crianças num espaço aberto, existe sempre a chance de elas se machucarem. Se estivermos olhando, podemos tentar acudi-las mais rapidamente. Pesquisas mostram que, se estivermos distraídas, as crianças ousam um pouquinho mais. E isso não é de todo ruim. Pense na adrenalina que eles sentem. Isso faz parte da vida.

Nos Estados Unidos, a Associação Acadêmica dos Pediatras de San Diego analisou 371 cenas de dois minutos gravadas em praças públicas nas quais os responsáveis estavam distraídos quando seus filhos se machucaram. Concluíram que o principal fator de distração eram as conversas entre os adultos, e não seus celulares.

Lembre-se de que você não é uma super-heroína e nunca vai conseguir proteger seus filhos de todos os males do Universo. Dito isso, caro ser humano sem extrapoderes, use seu tempo no parquinho como quiser. Só lembre-se da máxima "um olho no gato, outro no peixe. E o modo 'silencioso' sempre ativado".

O MELHOR AMIGO DAS MÃES

O controle remoto ficou um espelho. Estava grudento de meleca, bala ou cola bastão, isso nem vem ao caso. A grande descoberta do mundo materno, além do seu filho, é claro, é uma pequena maravilha chamada lencinho umedecido.

No começo de nossa relação eu nem gostava, confesso. Preferia passar algodão com água morna na bunda da minha filha. Eu tinha um *kit* bem arcaico com garrafa térmica e potinhos. Além de acreditar em gnomos naqueles idos 2005, achava que os lencinhos eram agressivos para a pele e os evitava sempre que possível. Só usava na rua mesmo, quando não tinha outra opção.

À medida que o tempo passou, fui me familiarizando com facilidades que eu nunca imaginara. Tirar maquiagem do olho com lencinhos, por exemplo, é tão fácil que deveriam proibir a venda de cremes com essa função.

Hoje limpo a bolsa por dentro, tiro manchas de casacos, desgrudo restos de comida secos, lustro os sapatos das filhas, suas mochilas e carinhas. Um dia minha filha derramou um suco no banco do carro. As manchas já estavam de aniversário quando tentei limpar com os paninhos e deu certo. E assim tem sido com muitas coisas.

Descobri que essas fofuras – sim, já sou apaixonada e dependente – limpam poeira de plantas, telas, tatuagens temporárias, painéis de carros, manchas de desodorante e o espelho do elevador, que as crianças sempre carimbam com as digitais e restos engordurados de substâncias não identificadas.

Não estamos sós nessa batalha divertida chamada criar os filhos. Escolha suas armas e venha para a festa, as minhas são lencinhos e álcool gel, que unidos são invencíveis. Que venham os riscos com giz de cera na parede.

Minha amiga Beatriz

Não levou um mês na escola nova para Aurora arrumar uma amiga pro que der e vier. Viajar de mochila pela América Latina, vender sanduíche para juntar dinheiro pra formatura, ter um canal do YouTube juntas e assistir *Gilmore Girls* quando estiverem decepcionadas com os garotos. Seu nome é Beatriz e ela também tem três anos.

Todos os dias a Aurora chega da escola com a lancheira vazia e a mochila cheia de histórias. Os personagens são sempre os mesmos: a professora Isabela, Ana Carolina, Felipe e Beatriz, "a minha amiga". Não conheço os coleguinhas pessoalmente. Fico só imaginando um monte de gente pequena trocando os erres pelos eles e quase matando a professora de tanta fofura. "Eu queria que o meu nome fosse Isabela", diz a Aurora, repleta de verdade, em uma pequena amostra do que é capaz no quesito melhorar o dia daqueles que cruzarem seu caminho.

Recentemente recebi uma mensagem no celular de um número desconhecido. "Oi, sou a mãe da Beatriz. Ela tem uma irmã gêmea que está na outra turma, a Isadora. Por causa da Aurora, a Beatriz está superadaptada. Ela adora a escola, diferente da irmã, que não tem uma amiga de cabelos de tóin-tóins." Respondi imediatamente contando que a recíproca era verdadeira e que a Aurora escreve Beatriz por toda parte da casa.

Ficamos muito felizes com essa história. Tão pequenina e já aprendeu que quem tem uma amiga não está sozinha nessa vida. Na hora de dormir, a pequena resmungou: "Pai, mãe, Anita, eu descobri uma coisa: a Beatriz é minha melhor amiga e eu sou a melhor amiga dela". Deu uma pequena gargalhada, que lhe é característica, e adormeceu com um sorriso no rosto.

MONTANHA-RUSSA

Um dia o ônibus quebra, a chupeta cai no bueiro e o teu ombro arde de dor.

No outro, um sorriso com os olhos e um par de mãozinhas a agarrando firme fazem você se sentir forte e importante.

Um dia você não dorme e de manhã percebe que vai faltar mais um dia no trabalho porque a febre não baixa.

No outro, você vê um rabisco com uma bolinha em cima, pergunta o que é e ganha a semana porque, entre todas as infinitas possibilidades do universo, é você que está ali naquela folha.

Um dia você não aguenta mais lavar os lençóis com xixi, ter cheiro de vômito e olheiras pretas de panda.

No outro, você dorme agarrada com a sua prole numa cama pequena e entende que edredom nenhum jamais te fará sentir a plenitude daquele calor humano.

Um dia você pega muito trânsito e chega tão tarde na creche que os últimos funcionários que ainda estão ali, por sua causa, ficam naquele misto de sentimentos entre te odiar e ter pena de você.

No outro, você descobre como uma simples cartela de adesivos pode fazer uma criança muito feliz e percebe como a vida é bela, simples e justa.

Um dia você não toma banho, não consegue comer direito e não entende muito bem aquela criaturinha que não desgruda de você nem um segundo.

No outro, você sai só e, ao invés de se sentir livre, sente saudades da pessoinha e entende que suas emoções nunca mais serão claras depois de ter passado por um processo de multiplicação.

FIM

CONHEÇA TODA A FAMÍLIA POP!

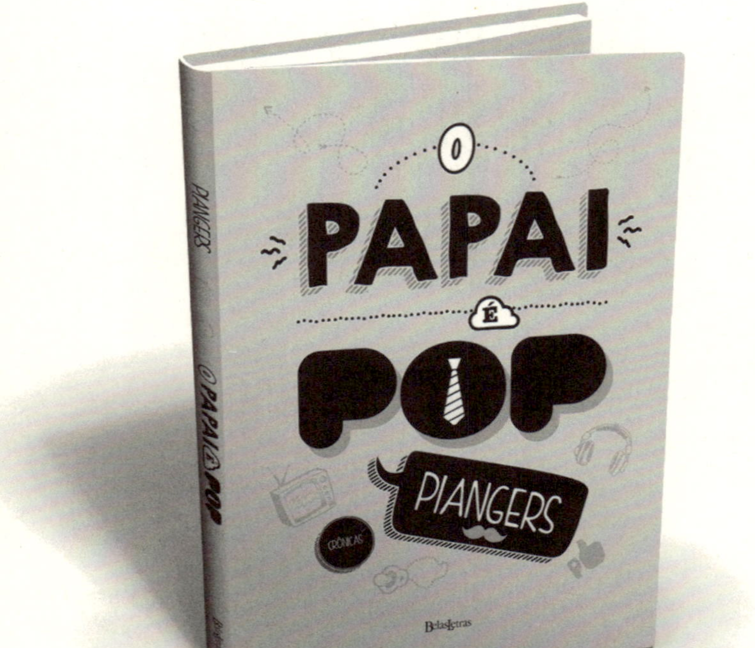

PIANGERS
O
PAPAI
É
POP
2
DE NOVO! DE NOVO! DE NOVO!
CRÔNICAS
BelasLetras
PIANGERS
O PAPAI É POP